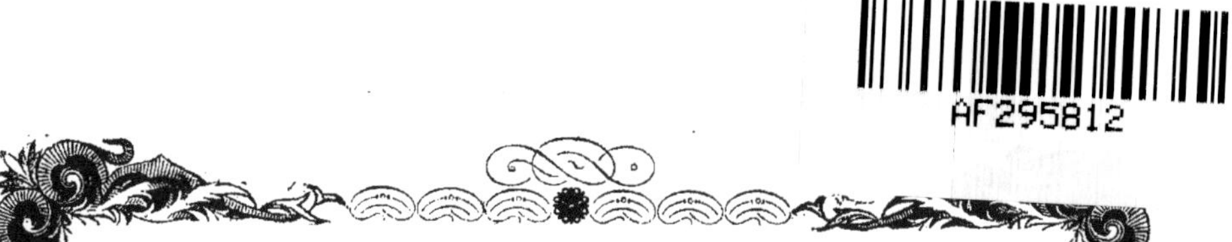

THÈSE

POUR

LA LICENCE.

TOULOUSE, IMPR. DE Ve DIEULAFOY,
rue des Chapeliers, 13.

A la mémoire de ma Mère !!!

—

A mon Père.

—

A TOUS CEUX QUI M'AIMENT.

1847

ACTE PUBLIC

En exécution de l'art. 4, tit. 2, de la loi du 22 Ventôse an XII,

soutenu par

M. **Bassal** (Pierre-Charles),

NÉ A LOMBERS (TARN.)

Jus Romanum.

De Divisione rerum et de Traditione.

Si rectè volumus judicare de naturâ rerum, tribus modis sunt nobis inspiciendæ, ille enim inter se differunt naturâ, voluntate legislatoris, vel istis quæ ad jus dominii attinent.

§ I.

Res autem ex naturâ sunt mobiles aut immobiles, corporales aut incorporales.

1° Eæ dicuntur mobiles , quæ ipsis , aut adjuvante vi alienâ moventur ; immobiles contrà , quæ neque ipsis , neque cujusquam auxilio possunt moveri. Rerum mobilium divisio in duos articulos deducitur ; aliæ enim sunt fungibiles , non autem aliæ.

2° Corporales has appellamus , quæ sui natura tangi possunt ; eas verò incorporales quæ in jure consistunt. Rerum incorporalium natura non mutatur , quamvis ad bona spectent quæ plerumque sensu percipi possunt.

§ II.

Hæc aliæ rerum divisio , quæ jure civili constat , res mancipi vel non mancipi. Res mancipi facilè est agnoscere , nam sunt corporales , vel istis persimiles ; præterea semper ad aliquid pretiosum attinent etsi aurum atque argentum habeantur res non mancipi. Ad hæc quæ apud multos auctores scripta legimus , addendum est omnia ea , res mancipi dicta fuisse , quæ veteres Romani cognoscebant. Quæque non in rebus mancipi continentur ducuntur res nec mancipi.

§ III.

Tandem si res videmus de jure dominii fatendum est , ut inquit Gaïus, alios divini alios humani juris exsistere.

Omnes eas divini juris esse dicemus , quæ patrimonio nostro non possunt fieri ; quæ quidem in tres partes dividuntur : et enim , sacra vocabantur quæ diis superis consecratæ erant ; religiosæ , quæ diis manibus fuerant relictæ; sanctæ autem eæ , quæ penâ quædam illatâ ab hominum injuriis tuebantur.

Res humani juris sunt vel publicæ, vel privatæ publicæ, in significatione verbi quam maximè extensâ, videbantur eæ quæ nullius sunt, at omnium, Ex : aer, aqua profluens, et mare, et per hoc littora maris. Sœpius tamen sub hoc nomine designantur quæ ad unum populum pertinent, veluti portus et flumina. Tandem res communes interdum illas nominamus , quæ complurium hominum sunt dominium, societate quâdam conjunctis , sicut theatra, ædificia et monumenta publica.

Reliquæ res quibus hæc non insunt , privatæ dicebantur.

Res divini extra nostrum patrimonium et extra commercium jacent, imò nunquam nobis eas occupare licebit.

Item est de rebus juris humani publicis, quanquam possunt interdum hæreditatis pars fieri.

Res tandem privatæ juris sunt in nostro patrimonio , et sœpius in commercio.

Apud Justinianum imperatorem istam divisionem non jam reperimus ; ille enim res nostri patrimonii, et quæ sunt extra patrimonium agnoscit.

De Traditione.

Traditionis primum erit definitio : translatio possessionis rei cujusdam , ab alio in alium : rationem in eâ cives inveniebant per quam bona acquirere poterant , secundum jus naturale. Credemus hoc modum esse in modis naturalibus , quia in principio res nec mancipi, tantummodo transferre domino volenti licitum erat. Ante Justinianum qui hanc rerum mancipi et nec mancipi divisionem delevit , priores non aliter acquirebantur , quàm si formulæ jure civili institutæ primum observatæ fuissent. Postea verò quàm Justinianus ille institutiones dedisset , translatio non modo rerum nec mancipi sed etiam mancipi vim omnem exercuit. Attamen ut illa, jus domini transferret necesse erat.

1º Traditorem esse possessorem rei, et eamdem habere capacitatem hujus tradendi aut saltem accepisse à domino jura quibus sibi liceret.

2º Justam causam exsistere traditionis , veluti erat emptio vel venditio.

5° Rem esse corporalem , manifestum est, inquit Gaïus, res incorporales traditionem non recipere.

4° Personam in quam res transferebantur capacitatem habere accipiendi , interdum tamen in personam incertam voluntas domini secundum Justinianum, rei transfert proprietatem.

Droit Civil.

—

DES DIVERSES ESPÈCES D'OBLIGATIONS.

Tout le chapitre **IV.**

Après avoir examiné l'objet des obligations, le code s'occupe des diverses modalités dont elles sont susceptibles. Les obligations peuvent être 1° pures et simples; 2° conditionnelles; 3° à terme; 4° alternatives; 5° solidaires; 6° divisibles ou indivisibles; 7° et avec clause pénale.

L'obligation pure et simple devant être suivie immédiatement et d'une manière complète de son exécution, ne sera pas examinée par nous, nous développerons seulement les six autres espèces d'obligations qui formeront chacune un chapitre.

CHAPITRE I.

§ 1. *Des obligations conditionnelles.*

D'abord définissons la condition, les auteurs romains l'avaient ainsi définie: *Adjectio quœ actum suspendit in incertum et futurum eventum.* Parmi les conditions les unes sont possibles, les autres impossibles. On entend par conditions possibles celles dont l'accomplissement n'est contraire ni aux lois physiques ni aux lois de la morale, par conditions impossibles celles dont la réalisation répugnerait aux unes et aux autres de ces lois.

On distingue encore des conditions affirmatives, et des conditions négatives, les premières consistent *in faciendo,* les autres *in non faciendo.* La condition potestative est celle qu'il est au pouvoir de l'homme d'accomplir ou de ne pas accomplir. La condition casuelle, celle qui dépend du hazard. La condition mixte, celle dont l'accomplissement dépend à la fois de la volonté de celui à qui elle est imposée, et de la volonté d'un tiers ou du hazard.

D'abord posons ce principe que les conditions ne doivent pas être accomplies littéralement, *in formâ specificâ,* mais qu'il faut s'en tenir à la manière dont les parties ont voulu, ou vraisemblablement voulu et entendu qu'elles fussent accomplies.

Lorsque l'on insère dans une convention une condition impossible ou contraire aux bonnes mœurs, ou prohibée par la loi, cette convention est nulle. S'il en est ainsi dans les conventions, lorsqu'au contraire dans un testament une telle condition est considérée comme non écrite, c'est qu'ici la condition est le motif qui a déterminé la convention, et que d'ailleurs il y a eu le concours de la volonté des parties; tandis que dans un testament les légataires ne sont pas intervenus, et par conséquent ils ne se sont pas obligés à exécuter les conditions imposées.

Pourtant la condition de ne pas faire une chose impossible, ne rend pas nulle l'obligation contractée sous cette condition. L'obligation est de même nulle, lorsqu'elle a été contractée sous une condition potestative de la part de celui qui s'oblige. En effet dans une telle convention il n'existe aucun lien de droit, puisque la partie obligée pourra se soustraire à son gré à l'obligation qu'elle a contractée et dès lors il n'y a pas de contrat.

Lorsque l'événement prévu par la condition doit arriver dans un temps déterminé, ce temps écoulé sans l'arrivée de l'événement, la condition est défaillie; si le temps n'est pas déterminé elle n'est censée défaillie que lorsqu'il est certain que l'événement n'arrivera pas.

Si l'obligation a été contractée sous la condition qu'un tel événement n'arrivera pas dans un temps donné, si l'événement n'arrive pas dans l'espace déterminé, la condition est accomplie, si ce temps est indéterminé la condition ne sera censée accomplie; que lorsqu'il sera certain que l'événement n'arrivera pas. Mais comme personne ne doit profiter de sa faute ni de sa turpitude, la condition sera censée accomplie, lorsque l'obligé sous cette condition en aura empêché l'accomplissement.

La condition accomplie a un effet rétroactif au jour auquel l'engagement a été contracté (1179). Aussi le créancier a-t-il le droit tant que la condition n'est pas accomplie, d'exercer les actes conservatoires de son droit.

§ II. *De la condition suspensive.*

L'obligation est contractée sous une condition suspensive, lorsqu'elle dépend d'un événement futur et incertain; tant que cet événement n'est pas arrivé, l'obligation n'existe point, puisque l'obligation n'existe qu'après l'événement, il s'en suit que le débiteur reste propriétaire de la chose et qu'elle est à ses risques et périls. Si la chose vient à périr, l'obligation est éteinte, si elle a été détériorée, le créancier peut faire résoudre l'obligation, mais s'il exige la chose dans l'état où elle se trouve, il doit de son côté accomplir son obligation en entier, s'il y

avait eu dol ou fraude, ou faute de la part du débiteur, le créancier
pourrait lui demander des dommages et intérêts.

Le code califie d'obligation contractée sous condition suspensive,
celle qui dépend d'un événement actuellement arrivé mais inconnu des
parties, nous croyons que cette rédaction est inexacte, et que ce n'est
qu'une obligation pure et simple, en effet l'accomplissement de l'obligation n'a été jamais en suspend, le code lui-même déclare que cette
obligation produit ses effets, du moment où elle a été contractée. Il
s'en suit de là, que la chose périt pour le créancier.

§ III. *De la condition résolutoire.*

La condition résolutoire est celle qui lorsqu'elle s'accomplit, opère
la révocation de l'obligation, et qui remet les choses dans leur état pri-
mitif comme si l'obligation n'avait jamais existée. La condition résolutoire ne suspend point l'exécution de l'obligation, elle oblige seulement
le créancier à restituer ce qu'il a reçu dans le cas où l'événement prévu
par la condition arrive (1183). L'obligation existe du moment du contrat, dès lors le créancier devient propriétaire de la chose, mais il ne
transmettra sur la chose que les droits qu'il a lui-même. Ainsi s'il vend
la chose il ne transmettra que des droits résolubles.

Dans les contrats synallagmatiques, la condition résolutoire est sous
entendue pour non exécution des conditions par une partie, tandis que
dans les contrats uni-latéraux il faut qu'elle soit expresse. Les premiers ne sont pas comme les derniers, résolus de plein droit, il
faut que cette résolution soit demandée en justice, mais la partie a le
choix de forcer l'obligé à exécuter l'obligation principale si elle est pos-
sible, ou bien d'en demander la résolution avec des dommages et intérêts. 1184

CHAPITRE II.

Des obligations à terme.

La différence qui existe entre l'obligation conditionnelle, et l'obligation à terme, c'est que la première n'existe qu'autant que l'événement prévu par la condition arrive, tandis que la seconde existe du moment où les parties sont liées entr'elles, seulement le débiteur a un certain laps de temps pour se libérer. D'après l'art. 1187 le terme est censé stipulé en faveur du débiteur, à moins que les circonstances ou une stipulation contraire ne fassent présumer que le terme est aussi en faveur du créancier. L'art. 146 du Cod. de Com. porte aussi une restriction à ce principe. Le créancier ne peut exiger l'accomplissement de l'obligation avant l'échéance du terme, que lorsque le débiteur, depuis l'obligation, a diminué les sûretés données par le contrat, ou lorsqu'il a fait faillite ou est tombé en déconfiture (1188).

Si le créancier avait donné au débiteur un certain laps de temps pour se libérer, c'est la confiance que lui inspirait sa solvabilité; cette solvabilité venant à s'évanouir, le terme stipulé doit disparaître. D'ailleurs dans une faillite, ou une déconfiture, le créanciers a intérêt à se faire payer en concurrence avec les autres créanciers, et s'il était obligé d'attendre l'échéance, il pourrait bien se faire que les deniers du failli fussent distribués, et qu'il ne trouvât plus rien pour se faire payer sa créance.

Du principe que le terme est censé stipulé en faveur du débiteur, il s'en suit qu'il peut y renoncer,

CHAPITRE III.

Des obligations alternatives.

L'obligation alternative est celle qui comprend deux ou plusieurs

choses, de manière cependant que le débiteur soit libéré par le paiement d'une seule.

En principe le choix appartient au débiteur, mais par une stipulation expresse il peut appartenir au créancier.

Examinons maintenant quelles seront les conséquences de la perte
des choses promises ou d'une d'elles. Nous n'examinerons que le cas
où il n'y a que deux choses promises, car les mêmes principes s'appli-
quent au cas où il y en a plusieurs.

Si les choses promises ont péri en entier sans la faute du débiteur,
l'obligation par le principe posé à l'article 1302 est éteinte.

Si c'est par la faute du débiteur, et que le choix lui appartienne, il
doit le prix de la dernière qui a péri. Si le choix appartient au créancier celui-ci peut réclamer le prix de celle qu'il veut.

Si l'une d'elles périt sans la faute ou par la faute du débiteur, si
le choix lui appartient, l'obligation devient pure et simple; de même
que si l'une des choses promises ne pouvait être l'objet d'une obligation, si le choix appartient au créancier, celui-ci peut réclamer ou la
chose existante ou le prix de celle qui a péri.

CHAPITRE IV.

Des obligations solidaires.

Une obligation est solidaire lorsque le total de la dette peut être de-
mandé par chaque créancier, ou lorsqu'il peut être exigé de chaque
débiteur, il y a donc deux espèces de solidarité, solidarité entre les
créanciers, et solidarité entre les débiteurs.

Comme chacun est censé stipuler pour soi, pour que la solidarité
existe, il faut qu'elle soit expressement exprimée, à moins que cette
solidarité n'ait lieu de plein droit, ou en vertu de la loi.

§ I. *De la solidarité entre les créanciers.*

Voici les principaux effets de cette solidarité qui existe très peu dans
nos usages. Tout créancier solidaire a le droit de réclamer le paiement

intégral de l'obligation. Tant que le débiteur n'est pas en demeure de payer un créancier, il peut se libérer entre les mains d'un créancier solidaire quelconque, et la quittance de ce dernier, le libère à l'égard de tous, mais il faut que les choses promises aient été comptées car tout créancier ne peut faire la remise que de sa part. La prescription interrompue à l'égard de l'un des créanciers solidaires profite aux autres créanciers (1199).

§ II. *De la solidarité entre les débiteurs.*

Nous avons vu plus haut qu'il y avait solidarité entre les débiteurs lorsqu'ils sont obligés à une même chose, de telle manière que chacun puisse être contraint à payer la totalité. Mais les débiteurs quoique obligés pour une même chose, peuvent s'obliger différemment : en effet l'un peut s'obliger purement et simplement, et l'autre conditionnellement etc. Voici quels sont les principaux effets de la solidarité entre les débiteurs.

1° Le créancier peut poursuivre celui des débiteurs solidaires qu'il veut ; 2° le créancier poursuivant l'un des débiteurs solidaires peut en poursuivre un autre en même temps ; 3° la perte de la chose par la faute d'un débiteur solidaire ne libère point les autres débiteurs solidaires ; 4° la prescription interrompue à l'égard d'un débiteur est interrompue à l'égard de tous. Mais le débiteur poursuivi peut opposer toutes les exceptions qui lui sont personnelles ou qui dérivent de la nature de l'obligation.

Comme la solidarité est stipulée en faveur du créancier, celui-ci peut y renoncer à l'égard de tous, ou à l'égard de l'un d'eux, cette renonciation est expresse ou tacite : elle est tacite dans ces deux cas 1° si le créancier a reçu divisément la part de l'un des débiteurs et que la quittance donnée porte que c'est pour sa part ; 2° s'il a formé une demande contre l'un des débiteurs pour sa part, et que celui-ci ait acquiescé à la demande, ou qu'il soit condamné en cette qualité.

L'obligation contractée solidairement à l'égard des créanciers se divise de plein droit entre les débiteurs ; le codébiteur solidaire qui a payé en entier ne peut répéter contre chacun de ses codébiteurs que la part et portion de chacun d'eux. L'insolvabilité de l'un d'eux se repartit entre les autres codébiteurs solvables ; même entre ceux qui avaient été déchargés de la solidarité par le créancier.

Mais si la somme prêtée n'a profité qu'à un seul, les autres codébiteurs ne sont considérés que comme caution ; et s'il arrive que le créancier se fasse payer par l'un de ces débiteurs-caution , ce débiteur aura le droit de réclamer la somme totale à celui pour qui l'affaire a été conclue.

CHAPITRE V

Des obligations divisibles et indivisibles.

L'article 1217 C. civ. définit les obligations divisibles ou indivisibles, celles qui ont pour objet, une chose qui, dans sa livraison, ou un fait dont l'exécution est ou n'est pas susceptible de division soit naturelle soit artificielle. Mais quoique la chose ou le fait qui en fait l'objet soit divisible par sa nature, si le rapport sous lequel il est considéré dans l'obligation ne le rend pas susceptible d'exécution partielle l'obligation est indivisible , mais la solidarité stipulée ne donne point à l'obligation le caractère d'indivisibilité.

§ I

Des effets de l'obligation divisible.

La divisibilité de l'obligation ne produit aucun effet entre le débiteur et le créancier , l'obligation doit être exécutée comme si elle était indivisible , la divisibilité ne produit ses effets qu'à l'égard des héritiers des parties , auquel cas les héritiers ne peuvent demander , ou ne sont tenus de payer qu'une portion virile. Mais l'article 1221 porte quelques restrictions à ce principe ; en effet , lorsque 1º la dette est hypothécaire ; 2º lorsque c'est un corps certain ; 3º lorsqu'il s'agit d'une dette alternative de choses au choix du créancier dont l'une est indivisible; 4º lorsque l'un des héritiers est chargé seul par le titre de l'exécution de l'obligation ; 5º lorsqu'il résulte soit de la nature de l'engagement , soit de la chose qui en fait l'objet etc. que les parties contractantes ont eu l'intention que la chose ne fut pas payée partiellement. |Dans les trois premiers cas l'héritier qui possède la chose due , est tenu pour le tout|; dans le quatrième c'est l'héritier chargé de payer qui est tenu de la dette ; dans le cinquième chaque héritier peut être poursuivi pour le tout.

§ II

Des effets de l'obligation indivisible.

Chacun de ceux qui ont contracté conjointement une dette indivisible , en est tenu pour le total quoiqu'il n'y eût point solidarité , les héritiers des parties sont tenus à la même obligation.

Chaque héritier du créancier peut demander l'exécution entière de l'obligation , il ne peut seul ni remettre la totalité de la dette, ni recevoir le prix au lieu de la chose , et si l'un des héritiers le fait, son cohéritier peut demander au débiteur la totalité de la dette déduction faite de la portion de celui qui a reçu le prix ou remis la dette. L'héritier débiteur assigné pour la totalité de la dette, peut demander un délai pour appeler ses cohéritiers , à moins que lui seul puisse acquitter la dette , et dans ce cas le cohéritier assigné a un recours contre ses cohéritiers.

Des obligations avec clause pénale.

Pour assurer l'exécution d'une obligation, les parties peuvent stipuler une clause pénale: l'accessoire suivant le sort du principal, si l'obligation principale est nulle, la clause pénale est nulle ; mais comme l'obligation principale peut exister sans la clause pénale, quoique cette dernière soit nulle , il ne s'en suit pas que la première soit nulle.

La clause pénale est stipulée non seulement pour assurer l'exécution de l'obligation , mais aussi comme compensation des dommages et intérêts.

D'abord, le créancier peut poursuivre l'exécution de l'obligation principale au lieu de poursuivre l'exécution de la clause pénale, mais il ne peut poursuivre l'une et l'autre, que dans le cas où la clause pénale n'a été stipulée que pour cause de retard, il ne peut non plus poursuivre l'exécution de la clause pénale, qu'autant que le débiteur est en demeure d'exécuter l'obligation principale. Si l'exécution a eu lieu en partie, le juge peut tempérer la peine.

Les effets de la clause pénale entre les héritiers sont déterminés suivant que l'obligation primitive est divisible ou indivisible (1232,-1233.)

Lorsque l'obligation primitive est indivisible, si un seul des héritiers de l'obligé tombe en contravention , le créancier a le choix de poursuivre , soit celui qui est l'auteur de la contravention , soit tout autre héritier ; mais celui qui sera ainsi poursuivi, aura un recours contre celui qui est cause des poursuites. Si , au contraire , l'obligation primitive est divisible, le créancier n'a le droit que de poursuivre l'auteur de la contravention , et tout recours est fermé à ce dernier, contre les cohéritiers qui ont exécuté l'obligation. Pourtant, comme il faut toujours s'en rapporter à l'esprit des parties , si la clause pénale n'avait été stipulée que pour que ce paiement ne pût être fait partiellement, la règle que nous avons posée pour le cas d'une obligation indivisible, aurait tout son effet.

Code de Procédure.

—

*Les saisies conservatoires, c'est-à-dire de la saisie-gagerie, de la saisie
sur débiteur forain, et de la saisie-revendication.*

On distingue deux espèces de saisies mobilières, les unes sont des
mesures d'exécution, tandis que les autres sont plutôt des mesures
conservatoires. Les premières sont la *saisie-exécution, la saisie-brandon, la saisie des rentes ;* les secondes sont *la saisie arrêt, la saisie-gagerie , la saisie sur débiteur forain, et la saisie-revendication.* Nous
nous occuperons *de la saisie-gagerie, de la saisie sur débiteur forain,
et de la saisie revendication,* qui nous ont été dévolues par le sort.
Nous diviserons cette matière en trois chapitres.

CHAPITRE PREMIER.

De la saisie-gagerie.

L'art. 819 du Code de procédure nous fait connaître l'objet et
les règles de cette saisie ; il porte : « Les propriétaires et principaux locataires des maisons et biens ruraux, soit qu'il y ait bail,
soit qu'il n'y en ait pas (c'est-à-dire, soit que le bail soit écrit ou
verbal), peuvent, un jour après le commandement et sans permission du juge, faire saisir-gager, pour loyers et fermages échus, les

effets et fruits étant dans lesdites maisons ou bâtiments ruraux et sur les terres. Ils peuvent même faire saisir-gager à l'instant, en vertu de la permission qu'ils en auront obtenue, sur requête, du président du tribunal de première instance ; ils peuvent aussi saisir les meubles qui garnissent la maison louée , lorsqu'ils ont été déplacés sans leur consentement , et ils conservent sur eux leurs priviléges, pourvu qu'ils en aient fait la revendication conformément à l'art. 2102 du Code civil. »

La loi du 25 mai 1838, a modifié ce qui touche la permission, qui doit être demandée. Aujourd'hui la permission doit être demandée au juge-de-paix, lorsque la demande en validité doit être portée devant lui. Le privilége accordé au propriétaire sur les objets qui garnissent la ferme, est établi autant dans l'intérêt du débiteur , que du créancier ; mais pour que ce dernier conserve son privilége , il faut qu'il fasse sa revendication , savoir : s'il s'agit d'un mobilier garnissant une ferme, dans le délai de 40 jours , et dans 15 jours , s'il s'agit de meubles garnissant une maison. Ce privilége , comme le porte l'art. 593, embrasse tous les objets mobiliers , même déclarés insaisissables par la loi , sous l'exception qui y est énoncée.

Voici maintenant comment on exerce ce droit : si les objets déplacés se trouvent, ou dans un lieu public ou dans un autre édifice occupé par le preneur , on remplit les formalités de la saisie-gagerie. Si les objets se trouvent chez un tiers, on doit observer les formalités de la saisie-revendication. Non-seulement les bailleurs ont un privilége sur les objets apportés par le preneur direct, mais encore sur les objets apportés par les sous-fermiers et les sous-locataires, avec cette différence que les sous-locataires ou les sous-fermiers obtiendront main-levée en justifiant qu'ils ont payé sans fraude et sans anticipation. Les paiements faits par le sous-locataire, soit en vertu d'une stipulation portée en son bail, soit en conséquence de l'usage des lieux, ne sont pas réputés faits par anticipation. (1753,

C. civil.)

La saisie-gagerie est faite en la même forme que la saisie-exécution ; s'il y a des fruits pendants par racine, elle sera faite selon la forme de la saisie-brandon ; seulement dans la saisie-gagerie, pour économiser les frais, le saisi peut être constitué gardien, malgré lui. S'il en était autrement, l'art. 821 ne contiendrait qu'une inutile répétition.

La vente ne peut être poursuivie que lorsque la saisie a été déclarée valable, et cette demande en validité doit être portée devant le juge de paix de la situation de l'immeuble loué, quand le prix annuel n'excède pas 400 francs à Paris, et 200 francs dans les départements. Dans les autres cas, elle doit être portée devant le tribunal de première instance du domicile du saisi.

CHAPITRE II.

De la saisie sur débiteur forain.

D'après l'article 822, tout créancier, même sans titre, peut sans commandement préalable, et en vertu d'une simple permission du président du tribunal de première instance ou même du juge, faire saisir les effets appartenant à son débiteur forain, trouvés dans la commune qu'il habite. Voici, d'après notre professeur, M. Rodière, ce que l'on doit entendre par débiteur forain : « Par débiteur forain la loi n'entend pas seulement les individus qui n'ont pas de domicile, mais encore, tout débiteur qui n'a pas son domicile dans la commune qu'habite le créancier, quand même il aurait un domicile connu ailleurs. Mais il existe une grande différence entre ces deux espèces de débiteurs forains. » Pour que la saisie soit autorisée pour les seconds, il faut que la créance soit liquide et venue à l'échéance, tandis que vis-à-vis des premiers, pour que la saisie soit valable, il n'est pas besoin que la créance réunisse ces conditions. Contrairement aux règles générales, le saisissant est le gardien, si les objets saisis sont entre ses mains; dans le cas contraire , ce sera un tiers. De même que dans la saisie-gagerie, pour parvenir à la vente, il faut que la saisie soit déclarée valable.

CHAPITRE III.

De la saisie-revendication.

De tout temps le domicile des citoyens a dû être sacré. Aussi, à Rome, celui qui voulait rechercher un objet dans le domicile d'autrui était-il obligé de s'entourer de témoins et de remplir certaines formalités. Chez nous le même respect est dû au domicile de chaque citoyen, aussi est-on obligé d'avoir l'autorisation d'un magistrat supérieur pour y pénétrer, « il ne pourra, porte l'art. 826, être procédé à aucu-
» ne saisie-revendication qu'en vertu d'ordonnance du président du
» tribunal de première instance rendue sur requête, et ce à peine de
» dommages intérêts tant contre la partie que contre l'huissier qui
» aura procédé à la saisie. » Cette disposition doit être observée chaque fois qu'on revendique une chose dont on se dit propriétaire, ou sur laquelle la loi accorde un privilége. La revendication en matière de faillite est soumise à des règles spéciales réglées par l'art. 579 C. C. S'il y a un jugement qui condamne le débiteur il n'est pas besoin d'autorisation.

Toute requête à fin de saisie-revendication désignera sommairement les effets (827) et le juge pourra permettre la saisie-revendication un jour de fête légale. Mais ici si le détenteur refuse les portes ou s'oppose à la saisie, on ne peut les forcer avec l'assistance de l'officier public, on doit en référer au juge: seulement pendant le sursis on peut établir garnison aux portes. La forme de la saisie-revendication est la même que celle de la saisie-exécution, le détenteur peut être constitué gardien.

Droit Commercial.

—

DES SUJETS DE L'ASSURANCE.

Le contrat d'assurance est une convention par laquelle l'un des con-
tractants s'oblige moyennant un prix convenu à réparer, si faire se
peut, les pertes et dommages qu'éprouveraient sur mer les choses
exposées aux dangers de la navigation.

Ce contrat est d'origine moderne, dans l'ancien droit son utilité ne
s'était pas fait sentir, vu le peu d'extension du commerce. A Tir, à Rome, les propriétaires des navires étaient des hommes extrêmement
riches, qui étaient eux-mêmes leurs propres assureurs, il en était de
même au moyen âge. Du reste le commerce maritime donnait des
bénéfices si considérables qu'ils compensaient toujours les pertes.

D'après les données de l'histoire, le contrat d'assurance n'a pris
naissance que dans les temps modernes, quoique certains auteurs
aient voulu en trouver l'origine dans Tite-live, Cicéron et dans le Digeste, où il n'en existe aucune trace. Ce n'est nous ne saurions trop le
répéter, l'extension du commerce qui en a fait comprendre la nécessité:
cela posé nous allons examiner rapidement ce que l'on entend par ces
mots, sujet de l'assurance, question qui nous est dévolue par le sort.

1° Du chef de l'assureur.

Le contrat d'assurance ne peut être fait que par un commerçant.

Autrefois il était interdit aux juges des amirautés de se rendre assureurs, cette prohibition n'existe plus pour les juges de commerce qui
ont remplacé les juges des amirautés. Mais les juges de commerce ne
pourraient être juges, dans des discussions, dans lesquelles ils joue-
raient le rôle d'assureurs ou d'assurés.

Le commissionnaire chargé de faire assurer la marchandise ne peut
pas non plus se rendre assureur, à moins toutefois qu'il ne fût prouvé
qu'il n'a pris qu'un très petit intérêt dans l'assurance, et cela pour la
faire accepter. .

2° Du chef de l'assuré.

Les connaissances géographiques et les études des mers, surtout depuis la découverte du nouveau monde ont considérablement diminué
le calcul des primes; aussi de nos jours, le contrat d'assurance est
considéré du chef de l'assuré comme un simple acte d'administration,
tandis que dans le principe les mers étant inconnues, on opérait dans
le vague et le taux des assurances était excessif; c'était en un mot un
acte d'aliénation.

Lorsque le contrat d'assurance se forme entre l'assureur et l'assuré,
il ne s'élève guère des difficultés ; dans le cas contraire elles se pré-
sentent en foule. Nous allons examiner les principaux cas qui nous
serviront à résoudre ceux qui pourraient nous être posés.

Le capitaine-maître, ou patron de navire, a-t-il qualité pour faire
assurer les marchandises ? non, s'il n'est préposé qu'à la conduite du
navire; oui, s'il est préposé en même temps à la conduite et à la vente
des marchandises.

Un associé peut-il assurer pour ses coassociés ? M. Dufour et M. Ca-
zaregis, lui accordent ce pouvoir. Le commissionnaire chargé d'acheter
et d'expédier la marchandise peut s'assurer.

Lorsque ces diverses personnes ont fait assurer la marchandise, la
ratification du commettant peut être expresse ou tacite, c'est une in-
duction que nous tirons de la loi 16 du Digeste.

L'assuré peut donner la ratification avant et après le sinistre, pourvu qu'il soit intervenu, *ex œquo et bono*. Mais si l'assuré n'avait ratifié qu'à cause du sinistre, nous ne l'admettrions pas.

Le commissionnaire est quelquefois tenu de faire assurer la marchandise, car le contrat d'assurance dans les temps modernes, est permis à tous ceux qui ont leur responsabilité engagée, et qui ont une affinité avec ceux qui sont interessés à l'assurance.

S'il y avait conflit d'assurance entre le *commettant* et le commissionaire, la première assurance l'emporterait sur la deuxième, qui tomberait en ristourne.

Droit Administratif.

—

Fins de non-recevoir qui entraînent le rejet de l'appel, omission du premier degré de juridiction, défaut d'intérêt ou d'objet, chose jugée résultant de l'acquiescement ou de l'expiration des délais.

A vant d'entreprendre la tâche qui nous est dévolue, nous ne commencerons pas sans manifester nos regrets que **M.** Chauveau, notre érudit professeur n'ait traité cette matière, ni dans ses ouvrages ni dans les cours que nous avons été appelés à suivre. Peut-être à l'aide de nos notes, aurions-nous eu un travail plus facile, et surtout nous n'aurions pas été exposés à nous égarer , ce n'est donc qu'en comptant sur son indulgence, que nous nous sommes mis à poursuivre nos recherches dans l'ouvrage de M. Cormenin, certains d'avance que si nous avons suivi une fausse route, il ne l'attribuera qu'à notre inexpérience.

Le conseil d'état en matière contentieuse a deux attributions , il statue comme tribunal d'exception sur quelques matières, et en second lieu , il statue comme tribunal d'appel , ou du second degré.

Comme tribunal d'appel, il prononce sur les recours exercés 1° contre les décisions ministérielles rendues en matières contentieuses ; 2° contre les arrêtés des conseils de préfecture, qui statuent sur les matières contentieuses placées par les lois dans les attributions de ces conseils ; 3° contre les arrêtés rendus par les préfets lorsque la loi leur a attribué une véritable juridiction ; 4° contre les décisions des divers tribunaux administratifs exceptionnels, sauf les cas où ils ont été investis du pouvoir de juger en dernier ressort.

Pour former le recours , voici comme l'on procède ; on forme son recours par une requête qui est signée d'un avocat au conseil , on la dépose ainsi que les pièces à l'appui , au secrétariat du conseil d'état. Avant 1830 , on avait une manière de procéder qui nous paraît bien plus expéditive et bien moins coûteuse qu'aujourd'hui : en effet, le garde des sceaux commettait un maître de requête qui était chargé d'examiner si la requête était admissible , en un mot si l'affaire portée devant le conseil d'état n'était entachée d'aucun vice qui dût la faire rejeter. Au contraire depuis 1831, le comité du contentieux a été chargé de diriger l'instruction écrite de toutes les affaires contentieuses, et d'en faire le rapport devant l'assemblée générale en séance publique. Ce rapport est fait par un maître de requête ou un auditeur désigné à cet effet. Comme on le voit ce mode de procéder , puisque dans toutes les affaires il doit être donné communication à la partie adverse, entrave la célérité si nécessaire aux affaires administratives, tandis que le premier n'offrait pas cet inconvénient et assurait de plus beaucoup d'économie aux plaideurs.

Nous allons voir maintenant quelles sont les causes qui entrennent le rejet de l'appel.

D'abord nous dirons qu'en matière administrative l'appel n'est pas suspensif.

Maintenant voici la division qu'établit M. Cormenin : il considère le pourvoi comme inadmissible.

1° Parce que la matière n'est pas contentieuse ;

2° Parce qu'il y a défaut de qualité ou d'action ;

3° Parce que les parties ont dirigé intempestivement leur recours ;

4° Parce qu'elles l'ont exercé tardivement ;

5° Parce qu'elles ont acquiescé ou exécuté ;

6° Parce qu'il y a insuffisance de pièces, de moyens et de procédures ;

7° Parce qu'il y a chose irrévocablement jugée ;

8° Parce qu'il y a défaut d'intérêt ou d'objet ;

9° Parce qu'il y a déchéance ;

10° Parce qu'il y a défaut de droit positif.

La matière qui nous est échue rentre dans les numéros 3, 4, 5, 8, nous allons en donner quelques exemples :

Le recours est intempestivement dirigé à l'égard de toute demande soit principale, soit d'intervention, lorsqu'elle n'a pas subi le premier degré de juridiction. Lorsque les parties forment un recours contre des arrêts du conseil de préfecture pris incompétemment, et auxquels le requérant peut former opposition ou tierce-opposition. Lorsque ce ne sont que de simples avis, ou qu'ils ne sont que préparatoires, ou qu'ils ont besoin de l'approbation ministérielle. Lorsque les arrêtés des préfets sont en dernier ressort. Lorsque ce recours est diri·

gé contre des décisions du directeur des ponts-et-chaussés, et autres directeurs-généraux des diverses branches de l'administration, et que ces décisions n'ont pas été approuvées par le ministre.

Le recours est inadmissible pour défaut d'intérèt ou d'objet.

Lorsqu'il s'agit au procès d'une question autre que celle qui est élevée par les intervenants. Lorsqu'on demande un réglement de juges et qu'il n'y a pas de conflit négatif.

Lorsqu'il n'y a pas de procès, comme par exemple : lorsque l'intervenant demande la confirmation d'un acte non attaqué ; lorsqu'on demande l'interprétation d'une ordonnance ou d'un décret dont l'exécution n'est entravée par aucun acte administratif ou judiciaire ; lorsqu'il y a eu désistement, adhésion de l'adversaire, ou transaction entre les parties, lorsque l'arrêté a été rectifié etc.

Lorsqu'il a acquiescement ou exécution le recours est inadmissible : lorsque les parties ont exécuté, sans réserves, les arrêts, décisions, ordonnances qu'ils attaquent.

Le recours est inadmissible comme tardif :

Lorsque le requérant a laissé passer plus de trois mois après la date de la signification constatée par exploit d'huissier, si c'est entre particuliers; ou par la notification administrative, si c'est entre agents du gouvernement. Lorsqu'on laisse passer les délais établis par ordonnance spéciale pour les décisions des conseils privés des colonies. Lorsqu'on se pourvoit contre une ordonnance royale, plus de trois mois après son insertion au *Bulletin des Lois*.

Lorsqu'on ne se pourvoit contre les décisions administrative qu'après les délais du réglement. Lorsque le ministre se pourvoit contre un arrêté du conseil de préfecture qui a été notifié plus de trois mois avant ce pourvoi. Lorsqu'on se pourvoit contre les ordonnances royales portant autorisation de changement, substitution ou addition de noms plus d'un an après l'insertion au *Bulletin des Lois*, Lorsqu'on se pourvoit contre une décision du conseil d'état par défaut, plus de trois mois après la date de la signification et autre cas analogues.

Vu par le Président de la Thèse,

CHAUVEAU ADOLPHE.

Toulouse, Imprimerie de Vᵉ DIEULAFOY, rue des Chapeliers, 13.